RÈGLEMENT

ARRÊTÉ
PAR LE ROI,

POUR

L'HABILLEMENT

ET

L'ÉQUIPEMENT

DE SES TROUPES.

Du 21 Février 1779.

A PARIS,
DE L'IMPRIMERIE ROYALE.

M. DCCLXXIX.

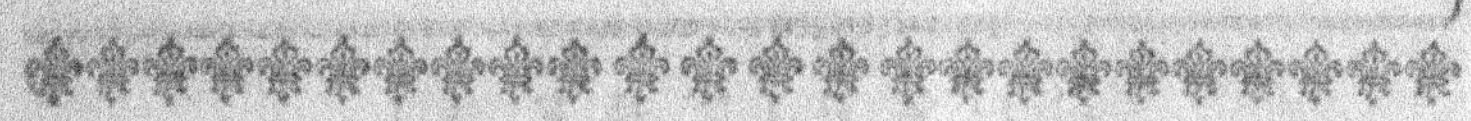

TABLE
De ce qui est contenu dans ce Règlement.

CHAPITRE PREMIER.
INFANTERIE.

CHAPITRE V.

DES HUSSARDS.

CHAPITRE VI.

CHAPITRE VII.

RÈGLEMENT

RÈGLEMENT
ARRÊTÉ
PAR LE ROI,

Pour l'Habillement & l'Équipement de

ses Troupes.

Du 21 Février 1779.

L E ROI ayant reconnu que l'habillement de ses Troupes, arrêté par le Règlement du 31 mai 1776, étoit susceptible d'inconvéniens & d'une dépense trop considérable; SA MAJESTÉ a réglé que dorénavant, & à mesure des remplacemens, il seroit composé ainsi qu'il suit:

A

CHAPITRE I.er
INFANTERIE.
ARTICLE PREMIER.
De l'Habillement.

L'HABILLEMENT des bas Officiers & Soldats, sera composé d'un habit à la françoise, une veste, un gilet & une culotte.

Les habits & vestes seront coupés à l'ordinaire, dans les proportions de la taille & de la grosseur des hommes; ils seront assez larges pour que le Soldat puisse porter un gilet sous la veste, la boutonner, agrafer les revers de l'habit, depuis le haut jusqu'au tiers de leur longueur, & même boutonner, au besoin, les deux premiers boutons du dessous des revers, sans que le Soldat soit gêné dans aucun de ses mouvemens, ni exposé à déchirer les coutures; à l'effet de quoi les poitrines seront tenues suffisamment larges, ainsi que le dos de l'habit & de la veste, d'une manche à l'autre, de même que les entournures. La longueur de l'habit sera telle, que agrafé & boutonné du haut en bas de la taille, il arrive à trois pouces & demi de terre, l'homme étant à genoux.

Les manches seront doublées d'une bonne toile calendrée, pour donner la facilité d'ôter & remettre l'habit sans défaire la veste.

Les pattes des poches, soit qu'elles doivent être posées en long ou en travers, seront appliquées & cousues à la place ordinaire des poches, qui feront ouvertes fous les basques, & faites en bonne toile; le tour des pattes fera marqué par un paffe-poil de la couleur tranchante, & chacune fera garnie de trois gros boutons.

Le collet fera droit, de quinze lignes de hauteur, garni entre la doublure & le drap, de deux toiles écrues.

Les revers auront, de la pointe fupérieure jufqu'au bas qui fera coupé carrément, dix-huit pouces de long & trois pouces & demi apparens dans leur plus grande largeur; chaque côté de revers fera garni de fept petits boutons placés à diftances égales, & il y en aura trois gros au-deffous du côté droit.

Les paremens, coupés à quatre pouces de long, feront doublés en entier, coufus à la manche, & ne préfenteront de hauteur que trois pouces & demi lorfqu'ils feront retrouffés; leur largeur fera proportionnée à la groffeur du bras, & jufte autour de la manche, à laquelle ils feront attachés de manière qu'ils ne puiffent fe rabattre; ils feront ouverts fur le côté extérieur, au milieu des deux coutures, & fe ferme-ront par deux petits boutons; l'ouverture fera prolongée de quatre pouces à l'avant-bras, & fe fermera pareillement par deux petits boutons, tous les quatre pofés à diftance égale, fur une bande de drap d'un pouce de largeur, ajoutée au côté inférieur de l'ouverture, & fur laquelle le côté fupérieur où fe trouveront les boutonnières, croifera fans pattelette.

Les revers & paremens de drap du fond de l'habit, en feront détachés, comme les pattes des poches, par un paffe-poil de la couleur tranchante.

Les habits des bas Officiers & Soldats feront garnis d'une épaulette & d'une contre-épaulette en drap large de deux pouces, liférées de drap de la couleur diftinctive; elles feront coufues par le bout fupérieur, à la naiffance du collet, & l'autre bout qui fera terminé en écuffon, s'attachera à un petit bouton placé près la couture de la manche.

Les Grenadiers porteront l'épaulette & la contre-épaulette en drap rouge doublé de drap blanc.

Les Chaffeurs porteront l'une & l'autre en drap vert pareillement doublé.

Les retrouffis des Fufiliers feront garnis d'une fleur-de-lys de la couleur diftinctive, ceux des Grenadiers feront garnis d'une grenade, & ceux des Chaffeurs le feront d'un cor-de-chaffe.

Chaque habit fera fait avec une aune un tiers de drap, doublé avec deux aunes trois quarts de cadis, & il y entrera trois quarts de toile large de fept huitièmes pour poches & droits-fils ; il fera garni des portes, crochets & agrafes néceffaires : les revers feront faits avec un douzième de drap ou cinq vingt-quatrièmes de panne, & il en fera employé un cinquième, ou un quinzième de drap, dans les paremens.

La vefte, dans laquelle il entrera une aune de drap, deux aunes un huitième de cadis pour doublure, & un quart de toile de fept huitièmes, fera tenue affez longue de taille pour qu'elle emboîte bien les hanches, & que le bouton d'en-bas couvre entièrement la ceinture de la culotte : les boutonnières de devant feront faites en drap & croiferont fur une petite bande qui fera laiffée le long des boutons; celles des poches, dont la droite feulement fera ouverte, feront en poil de chèvre : la longueur des bafques, à compter du dernier bouton, fera de fix pouces & demi, & elles feront doublées de toile; les manches seront cousues à la veste, excepté à l'endroit de l'aisselle où il y aura un gousset de toile; les paremens seront de deux pouces de haut, & cousus sur les manches qui seront ouvertes en dessous à l'ordinaire.

Les vestes des Caporaux & Soldats auront des petits collets & paremens de la couleur de la distinction, suivant qu'il y aura sur l'habit des revers & paremens de couleur distinctive, ou seulement des revers ou des paremens; de manière que ceux qui auront des revers & paremens sur l'habit, aient sur la veste le collet & les paremens; que ceux dont l'habit n'aura que des revers, n'aient que le collet sur la veste; & qu'elle ne soit garnie que de paremens seulement pour ceux qui n'auront que le parement sur l'habit.

Les Régimens Étrangers continueront de porter la veste en tricot ou estamet blanc, doublée de toile; il y sera employé une aune trois quarts de tricot large de sept douzièmes ou l'équivalent en estamet, & une aune trois seizièmes de toile de sept huitièmes de large.

Le gilet, non croisé & sans manches, sera en estamet blanc, dont il sera employé trois quarts; & il y entrera un sixième de toile de sept huitièmes de large, pour doubler par bandes les endroits où seront attachés les boutons, qui seront de fil blanc.

Enfin la culotte, qui sera façonnée avec une aune un douzième de tricot, sera à pont-levis, doublée d'une toile large de sept huitièmes, dont il sera employé une aune moins un huitième: les boutons seront de tricot comme la culotte, laquelle montera fort haut, de manière que la ceinture qui aura trois pouces & demi de largeur, prenne bien le haut des hanches, de même qu'il faudra que les jarretières couvrent & emboîtent bien les genoux.

Les boutons de cuivre ou d'étain seront montés sur cuivre, à deux queues.

La durée des habits, vestes & gilets, est fixée à trois années pour l'Infanterie Françoise, & le remplacement en sera fait par tiers chaque année. Celle des culottes ne devant être que d'un an, elles seront fournies chaque année au complet à tous les régimens; mais le Soldat ne pourra disposer à son profit de l'ancienne, qu'après l'année révolue de la livraison.

Le remplacement des habits & vestes sera fait, comme par le passé, par moitié chaque année à l'Infanterie Etrangère, attendu la moindre qualité des étoffes dont ils sont composés; mais celui des gilets n'aura lieu que par tiers, attendu qu'ils ne doivent être portés dans tous les régimens, tant François qu'Étrangers, que pendant les mois de Novembre, Décembre, Janvier & Février.

Il sera délivré, aux Soldats qui se retireront pour jouir de la récompense militaire, un habillement neuf, consistant en un habit, veste, culotte & chapeau, le tout dans l'uniforme particulier qui leur a été précédemment réglé.

Ceux qui obtiendront leur congé absolu auront un habit & une veste, des meilleurs de ceux qui seront à leur dernière année de service, ainsi qu'une culotte & un chapeau.

Ceux qui obtiendront des congés de grâce, ne pourront emporter aucune partie d'habillement.

ARTICLE 2.

De la Coiffure.

SA MAJESTÉ supprime les bonnets des Grenadiers;

au moyen de quoi, les bas Officiers & Soldats, tant des compagnies de Grenadiers que de celles de Chasseurs & de Fusiliers, porteront un chapeau coupé rond, de trois pouces & demi de profondeur de forme, & de quatre pouces d'aile, bordé à cheval d'un bord de laine noire de neuf lignes de large ; les ailes seront relevées avec des agrafes, à l'ordinaire, & celle du côté gauche sera arrêtée par une ganse noire, attachée à un petit bouton uniforme. Le remplacement s'en fera par moitié chaque année, & lesdits bas Officiers, Grenadiers, Chasseurs & Soldats s'entretiendront d'une cocarde de basin blanc.

Les Grenadiers & leurs bas Officiers, porteront au-dessus de la cocarde une houppe ronde de laine rouge, de deux pouces d'épaisseur ; les Chasseurs & Fusiliers n'en porteront d'aucune espèce.

ARTICLE 3.

Des marques distinctives du grade des bas Officiers, Cadets-gentilshommes & Fraters dans les compagnies.

LES Sergens-majors porteront un double bordé de galon d'argent fin, large de dix lignes, l'un cousu sur le parement de l'habit, & l'autre sur l'avant-bras, à six lignes au-dessus du parement.

Les Fourriers-écrivains porteront deux bandes de galon d'argent fin, large de dix lignes, cousues en travers sur le dehors de la manche, au-dessus du pli du bras.

Les Sergens porteront le simple bordé de galon d'argent sur l'avant-bras, à six lignes au-dessus du parement.

Pour rendre les galons distinctifs plus apparens sur l'uniforme blanc, ils seront garnis d'un passe-poil de la couleur des distinctions.

Les Caporaux des régimens qui auront l'habit blanc, porteront au-dessus & parallèlement au parement, un double bordé de galon de laine bleu ; le premier sera placé à six lignes du parement, & le second à trois lignes du premier : ceux des régimens qui porteront l'habit, soit en bleu, soit en rouge, porteront les distinctions en galon blanc.

Les Cadets - gentilshommes porteront, pour distinction, l'épaulette en galon d'or ou d'argent, suivant la couleur du bouton, qui sera doré ou argenté.

Les Fraters porteront sur chaque parement, une boutonnière en patte-d'oie de petit galon de laine, de trois lignes de large, qui sera bleu sur les paremens blancs, & blanc sur les paremens de couleur tranchante.

Les Rengagés continueront de porter le chevron ou le double chevron, en laine bleue pour les Régimens qui portent l'habit blanc, & en fil blanc pour ceux qui portent l'uniforme rouge ou bleu.

Les distinctions ci-dessus réglées pour les Caporaux, Fraters & Rengagés, seront mises sur la veste comme sur l'habit.

Article 4

De l'habillement des Tambours, Fifres & Clarinets.

Les Tambours porteront l'habit de drap bleu, affecté à la livrée du Roi, avec les paremens, revers, vestes, culottes & doublures des couleurs déterminées, coupe de poches & placement de boutons réglés pour chaque régiment ;

à l'exception

à l'exception de ceux de la Reine, des Princes du Sang, des régimens Allemands, autres que ceux qui ont le titre de Royal, des Irlandois, des Suisses & Grisons, qui continueront de porter la livrée des Colonels, en se conformant toutefois aux marques distinctives de l'uniforme de chaque Corps, de sorte que les paremens & revers qui se trouveront dans l'uniforme des Soldats, de même couleur que le fond de leur habit, soient de même drap pour les Tambours, que celui de leur habit.

L'habit sera bordé d'un galon de livrée de la largeur de neuf lignes; les manches seront bardées de sept bandes de même galon, cousues sur le dehors du bras d'une couture à l'autre, à distances égales; le devant de l'habit, au-dessous des revers, sera de chaque côté garni de trois agrémens de galon de même livrée, de dix-huit lignes de large; la patte de la poche & le dessous, seront également garnis de six agrémens, & le parement le sera de deux.

L'habit du Tambour - major sera le même que celui des autres Tambours, il sera de plus galonné d'un galon de même livrée, large de neuf lignes, sur les coutures de la taille; & il sera substitué au bordé & aux agrémens de livrée sur les paremens, un double bordé en galon d'argent large de dix lignes.

Défend Sa Majesté de faire galonner les habits du Tambour-major en galon d'or ou d'argent, & d'apporter aucun changement à la disposition précédente; voulant que s'il s'en trouve, la suppression en soit sur le champ ordonnée par l'Officier général qui inspectera le régiment, & qui sera tenu d'en rendre compte.

Les Fifres ou Clarinets attachés à chaque bataillon,

porteront l'habit du fond de l'uniforme ci-dessus réglé pour les Tambours, mais sans livrée; le parement sera bordé autour d'un galon d'argent fin, large de dix lignes; les revers, paremens, doublures, veste & culotte, seront au surplus de même qu'il a été réglé pour les Tambours.

Le fût ou caisse des Tambours, continuera d'être en cuivre, & des proportions & formes précédemment réglées.

A R T I C L E 5.

De l'Habillement des Officiers.

L'HABILLEMENT des Officiers sera parfaitement uniforme à celui des Soldats de leur régiment, & ne différera que par la qualité des draps d'Elbeuf ou des manufactures de même espéce, ainsi que par celles des boutons qui seront dorés ou argentés.

Les cheveux des Officiers de l'État-major, ainsi que des compagnies, seront liés de la même manière qui sera réglée ci-après pour les Soldats.

Les Officiers de l'État-major, & ceux des compagnies de Grenadiers, de Chasseurs & de Fusiliers, seront coiffés avec des chapeaux bordés de galon de soie noire garnis de cocardes blanches. Aucun Officier ne pourra porter de plumes ni plumet avec son habit uniforme, ceux des compagnies de Grenadiers seulement, porteront une houppe en soie ou laine rouge au-dessus de la cocarde, comme les Grenadiers.

A R T I C L E 6.

Dispositions générales sur l'Uniforme.

LES Officiers ne porteront, sous aucun prétexte, des

doublures de soie à leurs habit, veste, redingotte ou manteau; ils ne porteront également aucuns galons ou boutonnières de fil d'or ou d'argent : les redingottes seront de la
couleur du drap uniforme. Tous les Officiers, de quelque
grade qu'ils soient, seront tenus de porter en toute occasion,
au régiment, leur habit uniforme, tout le temps qu'ils existeront au service; l'usage des manchettes à dentelles sera &
demeurera prohibé.

Aucun Officier, de tel grade qu'il soit, ne se permettra
aucun changement, variation ou agrément quelconques dans
les uniformes qui seront ci-après déterminés par le présent
règlement, sous les peines que Sa Majesté se réserve de
prononcer d'après le compte qui lui en aura été rendu.

ARTICLE 7.

Des Marques distinctives des Grades des Officiers de l'Infanterie.

LE Colonel-commandant portera de chaque côté une
épaulette de tresse pleine, en or ou en argent, selon la
couleur du bouton, blanc ou jaune, affecté au régiment;
elle sera ornée de franges à graines d'épinards & cordes
à puits; toute espèce de broderie ou paillette sera & demeurera défendue.

Le Colonel en second portera de chaque côté, comme
le Colonel-commandant, une épaulette ornée des mêmes
franges; mais au lieu d'être pleine en or ou en argent, le
milieu sera traversé dans sa longueur par deux cordons de
soie couleur de feu, tressés comme les autres cordons d'or
ou d'argent.

Le Lieutenant-colonel portera à gauche une seule épaulette garnie de franges en agrémens, pareille à l'épaulette du Colonel-commandant.

Ceux des Officiers qui auront le grade de Brigadier des Armées, porteront pour distinction sur l'épaulette, une étoile brodée d'or ou d'argent, en opposition à la couleur de l'épaulette.

Le Major portera de chaque côté une épaulette en or ou en argent, ornée de franges à graines d'épinards seulement.

Les Capitaines-commandans porteront sur l'épaule gauche une épaulette pareille à celle du Major.

Les Capitaines en second porteront la même épaulette coupée dans le milieu de sa longueur, par deux cordons de soie tressée couleur de feu.

Les premiers Lieutenans ne pourront porter l'épaulette pleine en or ou en argent; elle sera losangée de carreaux de soie couleur de feu, sur un fond de tresse d'or ou d'argent, uniforme à la couleur du bouton; la frange de l'épaulette sera de filés d'or ou d'argent & de soie, en proportion du mélange qui sera dans le tissu de l'épaulette.

Les Lieutenans en second porteront la même épaulette que les Lieutenans en premier, à la seule différence qu'elle sera traversée dans le milieu de sa longueur par deux cordons de soie couleur de feu.

Les Sous-lieutenans porteront l'épaulette à fond de soie couleur de feu, avec des carreaux tressés d'or ou d'argent, uniformes à la couleur du bouton, & des franges mêlées de soie & de filés d'or ou d'argent, en proportion du mélange de l'épaulette.

Le Quartier-maître-tréforier, devant avoir le rang & les prérogatives de Lieutenant, portera la même épaulette qui a été réglée pour la diftinction des Lieutenans en fecond.

Le Porte - drapeau portera l'épaulette à fond de foie couleur de feu, liférée d'or ou d'argent, fuivant la couleur du bouton; elle fera garnie de franges afforties.

L'Adjudant portera l'épaulette à fond de foie couleur de feu; elle fera traverfée dans le milieu de fa longueur, de deux cordons de treffe d'or ou d'argent, fuivant la couleur du bouton.

Les Officiers ne pourront porter que les épaulettes diftinctives des emplois qu'ils exerceront, quand même ils feroient pourvus de grades fupérieurs; ils fe conformeront à cet égard avec exactitude, aux modèles envoyés.

ARTICLE 8.

De l'Équipement du Soldat.

LES cols feront de bafin blanc, de la largeur de vingt lignes, doublés d'une bonne toile blanche.

Les manches de chemifes feront fans manchettes ; les Sergens & Fourriers pourront en porter de douze à quinze lignes de hauteur, y compris l'ourlet qui fera de deux lignes.

Les Cadets - gentilshommes porteront celles que leur fournira l'Adminiftration de l'École Royale-militaire.

Le Soldat aura une paire de guêtres de toile blanche pour la parade ; l'été il fera le fervice en guêtres de toile noircie, & l'hiver en guêtres d'étoffe noire, doublées de toile en totalité ; ces guêtres feront garnies de vingt à vingt-quatre petits boutons, en toile pour les guêtres blanches, & en cuir pour les guêtres noires : la guêtre montera jusqu'à la rotule du genou, & s'attachera, par une boutonnière faite à la place du dernier bouton, au second bouton de la culotte, sur lequel la dernière boutonnière de la guêtre viendra se boutonner en croisant sur l'autre côté. Les jarretières seront de la toile ou étoffe de la guêtre, & s'attacheront avec des boucles de cuivre jaune unies, carrées en-dedans, & arrondies aux angles extérieurs.

La giberne pour les Grenadiers, Chasseurs & Fusiliers, à l'exception de celle des Fourriers & Sergens, qui sera plus petite & plus légère, conservera sa forme ancienne avec la pattelette ordinaire, sans plaque, & sera au surplus exécutée conformément au modèle qui sera envoyé à chaque régiment.

La courroie-porte-giberne sera de buffle blanc, de quatre pieds dix pouces de longueur sur vingt-sept lignes de largeur, & elle sera attachée à la giberne de la même manière que ci-devant. Il y sera ajouté sur le bord de la partie antérieure, un pendant pour passer la baïonnette; au moyen de quoi il ne sera plus délivré de ceinturons aux Fusiliers pour la porter.

Le ceinturon destiné à porter le sabre des bas Officiers, Grenadiers & Chasseurs, sera fait en baudrier de buffle blanc, de la longueur de quatre pieds dix pouces, & large de vingt-sept lignes, conforme d'ailleurs au modèle qui a été envoyé. Les bas Officiers des compagnies de Fusiliers porteront le sabre de la même manière : le baudrier croisera sur l'habit avec la courroie de la giberne qui sera mise par-dessus.

Les bretelles de fusils & les coliers ou porte-caisses des Tambours, seront également de buffle blanc, des longueurs & largeurs réglées.

Le havre-sac sera de peau de veau à poil, des dimensions en usage ; il devra contenir, outre le pain pour quatre jours, les effets du petit équipement que le Soldat devra porter dans les marches, indépendamment de ce qu'il en aura alors sur lui : chaque Soldat aura de plus un sac de toile pour les distributions, dans lequel il pourra s'envelopper pour coucher.

ARTICLE 9.

De l'Armement des bas Officiers & Soldats.

LES compagnies de Grenadiers, de Chasseurs & de Fusiliers, en leur entier, seront armées de fusils & de baïonnettes, des formes & dimensions en usage.

Les Adjudant, Sergens, Fourriers, Caporaux, Fraters, Grenadiers, Chasseurs, Tambours ou Instrumens, de la totalité du régiment, seront armés de sabres ; les Fusiliers n'en porteront point.

Les Fourriers des compagnies de Fusiliers, porteront en outre, pour les campemens, une fiche longue de six pieds, garnie d'une banderole de drap de la couleur distinctive du régiment, & sur laquelle le numéro sera mis d'une manière très-apparente en couleur opposée.

ARTICLE 10.

De l'Armement des Officiers à la tête de leur Troupe.

LES Officiers des compagnies de Grenadiers, de Chasseurs & de Fusiliers, seront armés de fusils & de baïonnettes; les Colonels-commandans, Colonels en second & Lieutenans-colonels, sous les armes, porteront l'épée à la main, soit à cheval, soit à pied; le Major sera de même, à cheval ou à pied, l'épée à la main : tous les Officiers de l'Infanterie Françoise ou Étrangère, sous les armes, porteront le ceinturon en bandoulière, & il sera contenu par une contre-épaulette semblable à celle du grade, mais sans franges.

ARTICLE II.

De l'Équipement des Officiers.

Le ceinturon sera de buffle blanc, de la largeur de deux pouces, & fait en baudrier.

L'épée pour tous les Officiers indistinctement, sera à garde de cuivre doré & poignée d'argent doré à la mousquetaire, la lame sera platte & forte, longue de vingt-six pouces.

L'épée sera garnie d'une dragonne ou cordon à un seul gland mêlé de filés d'or & de soie couleur de feu, dans la forme & la proportion déterminées pour le mélange des épaulettes de chaque grade.

Les cartouches des Officiers seront percées à seize coups sur deux rangs, dans la forme & les proportions précédemment réglées.

La courroie-porte-cartouche ou banderole, sera de buffle blanc large de deux pouces.

Les bretelles de fusils seront de buffle blanc large de seize lignes.

Tous les Officiers indistinctement, y compris ceux de l'État-major, l'État-major, qui seront de service, porteront le hausse-col de cuivre doré, orné dans le milieu d'un médaillon en argent aux armes du Roi.

ARTICLE 12.

Des Drapeaux.

LA monture des drapeaux, & la fourniture des cravates de taffetas dont ils doivent être garnis, seront & demeureront aux frais des Colonels-commandans, ainsi qu'il a été précédemment réglé.

ARTICLE 13.

De la Tenue dans les Corps.

L'UNIFORMITÉ dans l'arrangement des objets de l'habillement & de l'équipement du Soldat, doit être réunie à la grande propreté. Les Officiers & bas Officiers veilleront soigneusement à ce que l'une & l'autre soient observées avec exactitude; ils seront responsables de l'exécution de tout ce qui sera ci-après prescrit à ce sujet, & s'y conformeront personnellement avec la plus scrupuleuse précision.

Il est défendu de cirer les moustaches, & d'y mettre aucune drogue ou matière graisseuse, l'usage en étant malpropre & mal-sain.

Les cheveux seront liés en catogan, couverte d'une corne noircie, telle qu'elle est déjà en usage dans plusieurs régimens; ils seront coupés courts sur la tête; ceux des faces seront arrangés pour former une seule boucle; les boucles seront bien également faites, & descendront à quatre lignes au-dessus du bout de l'oreille.

C

Les cheveux seront poudrés les jours de parade & les Dimanches & Fêtes.

Le chapeau sera enfoncé sur le sourcil droit, la corne du devant placée au-dessus du sourcil gauche, qui sera découvert de l'épaisseur d'un pouce; il sera bien battu, nettoyé & toujours tenu dans la même retapure, sans qu'il y soit fait aucune espèce de changement.

Le col sera bien tendu, sans être trop serré; il sera tenu remonté le plus possible, & couvrira entièrement le col de la chemise; il sera attaché avec une boucle de cuivre jaune.

Les Troupes ne se serviront que de son, & le moins qu'il sera possible, pour maintenir la propreté de l'habillement; l'usage de toute autre matière reconnue caustique & corrosive demeurant défendu.

On crochettera les deux premiers crochets du devant de l'habit; les manches en seront tirées assez bas, pour qu'on ne voie pas le poignet de la chemise.

La veste sera boutonnée dans toute sa longueur, & bien tirée en bas, pour qu'elle emboîte parfaitement les hanches.

On remontera le plus possible la culotte, dont la ceinture sera assujettie au-dessus de la hanche, au moyen d'une boucle; la culotte sera également contenue au-dessous du genou par une petite boucle: toutes les parties de l'habillement seront bien battues & vergetées; la plus petite tache sera enlevée, & les boutons seront parfaitement éclaircis.

La guêtre enveloppera bien le coude-pied & le talon, jusqu'à celui du soulier, dont la boucle sera entièrement couverte; elle se boutonnera bien droit, & on la tirera également de par-tout à mesure qu'on la boutonnera.

Les armes seront bien nettes sans être polies; la bretelle de fusil sera plaquée & serrée contre l'arme; la demi-boucle à la hauteur de la capucine; les vis & les écrous seront tenus en bon état; les pierres bien placées & contenues entre deux plombs; elles chasseront bien la batterie; les coins seront cassés pour ne point gâter le canon ni blesser le Soldat.

Toute la buffleterie sera parfaitement blanchie, & les parties en cuivre seront bien éclaircies; la giberne sera bien également cirée, même sur les côtés; les fourreaux de sabres des bas Officiers, Grenadiers & Chasseurs seront également cirés.

Le talon des souliers aura un pouce de haut, personne ne portera des escarpins sous les armes.

Les bonnets de police seront faits en forme de pokalem, ils auront sur le devant une plaque en drap, bordé de la couleur tranchante de la distinction de l'uniforme, & une fleur-de-lys de même couleur au milieu de ladite plaque; le tour du bonnet pourra se rabattre pour couvrir les oreilles du Soldat dans les temps froids & pluvieux, & s'attachera par des crochets & agrafes sous le menton.

Quoiqu'il ne soit pas ordonné que le Soldat soit poudré dans les marches, il n'est pas moins essentiel qu'il soit bien peigné, parfaitement arrangé, & qu'on lui fasse observer tous les détails de la propreté, bien plus intéressans pour sa santé dans les routes, qu'ils ne le sont en garnison.

ARTICLE 14.

Du petit Équipement dont chaque Soldat sera pourvu.

CHAQUE Soldat aura trois bonnes chemises, deux paires de culottes, deux paires de souliers, dont une neuve; une paire de guêtres de toile blanche, une paire de toile noircie, une paire de guêtres d'étoffe de laine noire, deux paires de manchettes de guêtres de toile blanche avec boutons noirs; deux mouchoirs, deux paires de bas, deux cols de basin, une boucle de col, une paire de boucles de souliers, une paire de boucles de jarretières; un sac à poudre & sa houppe, un peigne à retaper, un peigne à décrasser, une brosse pour l'habit & le chapeau, deux brosses pour les souliers, une petite brosse pour nettoyer le cuivre, un pinceau pour blanchir la buffleterie; un dé à coudre, du fil, des aiguilles, un tire-bouton, un tire-bourre, une épinglette, un tournevis; des morceaux de vieux drap pour frotter les taches de son habit, & du vieux linge pour nettoyer son arme.

Les chemises, guêtres & manchettes de guêtres, seront marquées d'une lettre affectée à chaque compagnie.

ARTICLE 15.

De l'Uniforme particulier affecté à chaque Régiment.

SA MAJESTÉ voulant ramener à leur ancienne institution les distinctions des couleurs affectées à l'uniforme de chaque régiment, lesquelles n'ont eu pour objet que l'avantage de les faire reconnoître dans les garnisons, dans les marches & sur-tout à la guerre, & non de leur procurer une vaine parure que le véritable esprit militaire réprouve, Elle a résolu de fixer invariablement les couleurs de ces distinctions, afin qu'on s'y accoutume, & que les Officiers généraux employés dans ses Armées, puissent du premier coup-d'œil connoître les différens régimens dont elles seront composées; à l'effet de quoi Sa Majesté a déterminé sur cet objet les règles générales qui vont être expliquées: voulant & entendant que tous les Colonels & Chefs des corps s'y conforment, & leur interdisant même toute demande qui y seroit contraire.

Tous les régimens d'Infanterie Françoise, porteront l'habit & la veste de drap blanc, doublés de blanc, & la culotte de tricot de même couleur.

Lesdits régimens, à l'exception de celui de Picardie, qui conservera son ancien uniforme, des régimens Royaux & de ceux des Princes, seront classés par six, dans leur ordre d'ancienneté, & l'une des dix couleurs ci-après, sera affectée à la distinction de chacune;

S A V O I R:

	COULEURS.
1.re CLASSE	Bleu-céleste.
2.e CLASSE	Panne noire.
3.e CLASSE	Violet.
4.e CLASSE	Gris-de-fer.
5.e CLASSE	Rose.
6.e CLASSE	Jonquille.
7.e CLASSE	Cramoisi.
8.e CLASSE	Gris-argentin.
9.e CLASSE	Aurore.
10.e CLASSE	Vert-foncé.

Les six régimens dont chaque classe sera composée, formeront deux divisions de chacune trois régimens ; le premier de chaque division portera toujours les revers & paremens de la couleur affectée à la classe où il se trouve, le second portera les revers seulement de ladite couleur, & le troisième n'en aura que les paremens. Les régimens de la première division auront le bouton jaune, & les poches en travers à l'ordinaire ; ceux de la seconde division porteront des boutons blancs & la poche en long.

Les régimens Royaux & ceux des Princes, formeront deux classes particulières ; la première de sept régimens, non compris le régiment du Roi, à laquelle sera affectée la couleur bleu-de-roi ; & la seconde de dix régimens, laquelle aura pour distinction la couleur écarlate.

Les quatre premiers régimens Royaux (non compris celui du Roi qui continuera, jusqu'à ce que Sa Majesté en ait ordonné autrement, de porter son uniforme actuel) formeront la première division de la première classe ; la seconde division sera composée des trois autres ré-gimens.

Enfin, des dix régimens dont sera formée la classe de ceux des Princes, les cinq anciens composeront la première division ; la seconde sera composée des cinq autres ; & la distinction des boutons jaunes avec la poche ordinaire, dont ils seront toujours accompagnés, aura lieu pour les régimens de chacune des premières divisions de ces deux classes, comme celle des boutons blancs avec la poche en long, qui, dans l'Infanterie Françoise, iront toujours ensemble, servira à distinguer les régimens des dernières divisions.

C'est d'après les règles générales qui viennent d'être établies ci-dessus, que les distinctions des régimens de l'Infanterie Françoise sont & demeureront fixées ainsi qu'il suit :

SAVOIR;

Boutons timbrés.	N.os	RÉGIMENS.	DISTINCTIONS.	COULEURS.
	1.	PICARDIE	Revers & paremens	Blancs.
Jaunes.	2.	PROVENCE	Revers & paremens	Bleu-céleste.
	3.	PIÉMONT	Revers	
	4.	BLAISOIS	Paremens	
Blancs.	5.	NAVARRE	Revers & paremens	
	6.	ARMAGNAC	Revers	
	7.	CHAMPAGNE	Paremens	
Jaunes.	8.	AUSTRASIE	Revers & paremens	Panne noire.
	9.	NORMANDIE	Revers	
	10.	NEUSTRIE	Paremens	
Blancs.	11.	LA MARINE	Revers & paremens	
	12.	AUXERROIS	Revers	
	13.	BOURBONNOIS	Paremens	
Jaunes.	14.	FORÈS	Revers & paremens	Violet.
	15.	BÉARN	Revers	
	16.	AGÉNOIS	Paremens	
Blancs.	17.	AUVERGNE	Revers & paremens	
	18.	GÂTINOIS	Revers	
	19.	FLANDRE	Paremens	
Jaunes.	20.	CAMBRESIS	Revers & paremens	Gris-de-fer.
	21.	GUYENNE	Revers	
	22.	VIENNOIS	Paremens	
Blancs.	25.	BRIE	Revers & paremens	
	26.	POITOU	Revers	
	27.	BRESSE	Paremens	

BOUTONS timbrés.	N.os	RÉGIMENS.	DISTINCTIONS.	COULEURS.
Jaunes...	28.	LYONNOIS..........	Revers & paremens............	
	29.	DU MAINE.........	Revers....................	
	31.	DU PERCHE........	Paremens..................	
Blancs...	32.	AUNIS............	Revers & paremens...........	Rose.
	33.	BASSIGNY........	Revers....................	
	34.	TOURAINE.........	Paremens..................	
Jaunes...	35.	SAVOIE-CARIGNAN.	Revers & paremens..........	
	36.	AQUITAINE.......	Revers....................	
	37.	ANJOU..........	Paremens..................	
Blancs...	38.	M.al DE TURENNE.	Revers & paremens..........	Jonquille.
	39.	DAUPHINÉ.........	Revers....................	
	40.	ISLE-DE-FRANCE....	Paremens..................	
Jaunes...	41.	SOISSONNOIS......	Revers & paremens..........	
	43.	LIMOSIN.........	Revers....................	
	47.	BRETAGNE........	Paremens..................	
Blancs...	48.	LORRAINE.........	Revers & paremens..........	Cramoisi.
	50.	BERRY...........	Revers....................	
	51.	HAINAULT........	Paremens..................	
Jaunes...	52.	LA SARRE........	Revers & paremens..........	
	53.	LA FÈRE.........	Revers....................	
	58.	BEAUVOISIS......	Paremens..................	
Blancs...	59.	ROUERGUE........	Revers & paremens..........	Gris-argentin.
	60.	BOURGOGNE......	Revers....................	
	62.	VERMANDOIS.....	Paremens..................	
Jaunes.	70.	LANGUEDOC......	Revers & paremens..........	
	71.	BEAUCE.........	Revers....................	
	73.	MÉDOC.........	Paremens..................	Aurore.
Blancs.	74.	VIVARAIS.......	Revers & paremens..........	
	75.	VEXIN..........	Revers....................	
	77.	BEAUJOLOIS......	Paremens..................	

BOUTONS

Boutons timbrés	N.ᵒˢ	RÉGIMENS	DISTINCTIONS	COULEURS
Jaunes...	82.	BOULONNOIS.........	Revers & paremens.........	
	83.	ANGOUMOIS.........	Revers.........	
	85.	SAINTONGE.........	Paremens.........	Vert-foncé.
Blancs...	86.	FOIX.........	Revers & paremens.........	
	87.	ROHAN-SOUBISE...	Revers.........	
	94.	BARROIS.........	Paremens.........	

RÉGIMENS ROYAUX.

Boutons timbrés	N.ᵒˢ	RÉGIMENS	DISTINCTIONS	COULEURS
Jaunes...	23.	DU ROI.........	Son uniforme actuel.........	
	24.	ROYAL.........	Revers, paremens & retroussis.	
	30.	DAUPHIN.........	Revers & paremens.........	
	44.	ROYAL-VAISSEAUX.	Revers.........	
	46.	LA COURONNE....	Paremens.........	Bleu-de-roi.
Blancs...	55.	ROYAL-ROUSSILLON	Revers & paremens.........	
	61.	ROYAL-LA-MARINE.	Revers.........	
	76.	ROYAL-COMTOIS...	Paremens.........	

RÉGIMENS DES PRINCES.

Boutons timbrés	N.ᵒˢ	RÉGIMENS	DISTINCTIONS	COULEURS
Jaunes...	42.	LA REINE.........	Revers, paremens & retroussis.	
	45.	ORLÉANS.........	Revers & paremens.........	
	49.	ARTOIS.........	Revers.........	
	56.	CONDÉ.........	Paremens.........	
	57.	BOURBON.........	Retroussis.........	
Blancs...	78.	MONSIEUR.........	Revers, paremens & retroussis.	Écarlate.
	81.	PENTHIÈVRE.........	Revers & paremens.........	
	84.	CONTI.........	Revers.........	
	93.	CHARTRES.........	Paremens.........	
	96.	ENGUIEN.........	Retroussis.........	

INFANTERIE ÉTRANGÈRE.

LES régimens Suisses, Grisons & Irlandois, continueront de porter l'habit de drap rouge - garence; & les régimens Allemands, Royal-Italien & Royal-Corse, l'habit de drap bleu-céleste foncé, les uns & les autres avec doublure, veste

D

& culotte blanches. Ils conserveront les couleurs de distinctions dont ils sont en possession pour revers, paremens & collets, ainsi que les distinctions particulières qui existent sur leurs uniformes, le tout suivant le détail ci-après :

Boutons.	RÉGIMENS SUISSES ET GRISONS.	REVERS.	PAREMENS.	COLETS.	DISTINCTIONS PARTICULIÈRES.
Blancs unis, sans Numéro.	ERLACK	Panne-noire.	Panne-noire.	Panne-noire.	Poche en long, 3 pet. boutons au parement.
	BOCCARD	Jaune-citron.	Jaune-citron.	Rouge garence.	Trois gros boutons au parement.
	SONNEMBERG	Bleu.	Bleu.	Bleu.	Poche en long, 3 petits boutons au parement.
	CASTELLA	Bleu.	Bleu.	Bleu.	Boutonn.res blanches, 3 pet. bout. au parement.
	WALDNER	Rouge.	Blanc.	Rouge.	Poche en long, 3 petits boutons au parement.
	AULBONNE	Jaune.	Jaune.	Vert.	Poche en long, 3 petits boutons au parement.
	DIESBACK	Bleu-céleste.	Bleu-céleste.	Bleu-céleste.	Trois petits boutons au parement.
	COURTEN	Bleu.	Bleu.	Bleu.	Paremens ouverts sans boutons lisérés blanc, ainsi que les revers & le colet.
	SALIS	Bleu.	Bleu.	Blanc.	Doubles poches en long.
	MURALT	Bleu.	Bleu.	Aurore.	Boutons triolés anglois, plats sur la tête, trois petits au parement.
	EPTINGEN	Blanc.	Blanc.	Blanc.	Trois petits boutons au parement.

Boutons.	Timbrés des N.os	RÉGIMENS IRLANDOIS.	Revers.	Paremens.	Colets.	Distinctions
Jaunes	90.	DILLON	Jonquille.	Jonquille.	Blanc.	Le dessus & l'avant-bras garni de 4 boutonnières en équerre & de 4 petits boutons.
Blancs	91.	BERWICK	Panne-noire.	Panne-noire.	Jonquille.	
Jaunes	95.	WALSH	Bleu.	Bleu.	Jonquille.	

Boutons.	N.o	RÉGIMENS ALLEMANDS.	Revers.	Paremens.	Colets.
Blancs	14.	ALSACE	Rouge.	Rouge.	Rouge.
	63.	ANHALT	Jaune-citron.	Jaune-citron.	Jaune-citron.
	80.	LA MARCK	Jonquille.	Jonquille.	Rouge.
Jaunes	92.	ROYAL-SUÉDOIS	Chamois.	Chamois.	Chamois.
Blancs	97.	ROYAL-BAVIÈRE	Panne-noire.	Panne-noire.	Panne-noire.
	101.	NASSAU	Orange.	Orange.	Orange.
Jaunes	103.	BOUILLON	Blanc.	Blanc.	Blanc.
Blancs	104.	ROY. DEUX-PONTS	Jaune-citron.	Jaune-citron.	Bleu-céleste.

Boutons.	N.o	RÉGIMENS ITALIEN & CORSE.	Revers.	Paremens.	Colets.
Jaunes	65.	ROYAL-ITALIEN	Jonquille.	Jonquille.	Rose.
Blancs	100.	ROYAL-CORSE	Jonquille.	Jonquille.	Bleu-céleste.

RÉGIMENS dont les boutons seront timbrés indépendamment du Numéro.

Régimens.	Timbres.
DAUPHIN,	d'un Dauphin.
SAVOIE-CARIGNAN,	des Armes.
ROYAL-VAISSEAUX,	d'un Vaisseau.
ORLÉANS,	des Armes du Prince.
LA COURONNE,	d'une Couronne.
CONDÉ,	des Armes du Prince.
BOURBON,	des Armes du Prince.
MONSIEUR,	des Armes du Prince.
PENTHIÈVRE,	des Armes du Prince.
CONTI,	des Armes du Prince.
ROHAN-SOUBISE,	des Armes.
CHARTRES,	des Armes du Prince.
ENGHIEN,	des Armes du Prince.
NASSAU,	d'un Lion.

ARTILLERIE.

RÉGIMENS.

L'UNIFORME du Corps-royal-d'Artillerie, sera composé d'un habit, revers, collet, épaulettes & veste de drap bleu-de-roi; paremens & doublure rouge, patte de poches ordinaire liférée de rouge, & garnie de trois gros boutons, trois de même au parement.

La veste de drap bleu sera doublée de cadis blanc; les basques le seront de toile; elle sera garnie de douze petits boutons : les poches seront ouvertes & garnies de trois petits boutons.

D ij

La culotte sera de tricot bleu doublée de toile écrue. Boutons jaunes, *N.° 64.*

Compagnies de Mineurs.

LES Compagnies de Mineurs porteront le même uniforme que les régimens d'Artillerie, à l'exception des épaulettes qui, au lieu d'être de drap bleu, seront pour l'habit & pour la veste en laine aurore.

Compagnies d'Ouvriers.

LES compagnies d'Ouvriers porteront le même uniforme que les régimens du Corps-royal, en substituant au revers bleu, le revers de drap rouge, & une pattelette rouge à la veste.

Gardes-magasins & Artificiers d'Artillerie.

LES Gardes-magasins & Artificiers d'Artillerie, porteront l'habit de drap bleu avec paremens & collet de velours bleu-céleste.

Conducteurs de Charrois.

LES Conducteurs de charrois d'Artillerie, porteront le même uniforme que les Gardes-magasins; ils seront distingués par les paremens & collet qui seront de drap bleu-céleste, au lieu d'être de velours de même couleur.

TROUPES PROVINCIALES.

L'UNIFORME des Troupes Provinciales & Grenadiers-royaux, sera & demeurera en drap blanc avec paremens & collet bleu-de-roi, tel qu'il a été fixé par les Ordonnances des 1.er mars & 7 mai derniers, concernant ces troupes; à

l'exception du régiment de Paris, lequel portera le parement
& le collet de drap bleu-céleste.

Provincial-Corse.

VESTE alongée, sans capuchon, de drap brun, tenant
lieu d'habit, fermée par-derrière, garnie de douze petits
boutons; les basques du devant relevées & agrafées à la
poche; petit parement fermé en botte, & collet de drap
brun; doublure de cadis ou serge de même couleur brune :
gilet sans poches, garni de manches & boutons d'étoffe.

Culotte de tricot vert avec canons alongés de trois doigts
au-dessous du jarret, sans boutonnières ni boucles; guêtres
de peau jaune; chapeau coupé à la Corse, le côté du bouton
retroussé, & le surplus rabattu.

Boutons blancs goudronnés.

GARDES-CÔTES.

L'UNIFORME des Gardes-côtes sera, conformément à
l'Ordonnance du 13 décembre 1778, en drap bleu-de-roi,
paremens de même couleur, revers & retroussis couleur vert-
de-mer; gilet & culotte de tricot de même couleur, & boutons jaunes timbrés d'un canon, d'un fusil & d'une ancre.

ARTICLE 16.

De l'Uniforme des compagnies d'Invalides.

HABIT de drap bleu sans revers, le collet de même drap
de douze à quinze lignes de hauteur, sans être renversé;
le parement de drap rouge-garence, doublure de même
couleur; gilet-camisole en forme de veste, de laine bleue
pour les Invalides de l'intérieur de l'Hôtel, des compagnies

attachées à la garde des Maisons royales dans Paris, Versailles & Vincennes; & d'étoffe de laine blanche pour les Invalides des autres compagnies détachées & Pensionnaires; le devant de l'habit garni de douze gros boutons blancs, sans autres boutonnières que celles de la couleur de l'étoffe sur laquelle elles seront appliquées; pattes de poches ordinaires avec trois boutons uniformes, & autant au parement.

CHAPITRE II.

GENDARMERIE.

ARTICLE PREMIER.

L'HABILLEMENT, l'équipement & l'armement du Corps de la Gendarmerie, demeureront tels qu'ils ont été fixés par le Règlement particulier du 18 février 1772, qui continuera d'avoir son entière exécution.

CHAPITRE III.

MARÉCHAUSSÉE.

ARTICLE PREMIER.

L'ORDONNANCE du 28 avril 1778, ayant réglé tout ce qui concerne l'habillement, l'équipement & l'armement du Corps de la Maréchaussée; cette Ordonnance sera exécutée relativement à ces objets sans aucun changement.

CHAPITRE IV.

CAVALERIE & DRAGONS.

ARTICLE PREMIER.

De l'Habillement.

L'HABILLEMENT uniforme des bas Officiers, Cavaliers & Dragons, sera composé d'un habit à la françoise, doublé de serge ou cadis, des couleurs de distinction qui seront réglées pour chaque régiment; d'une veste de drap doublée de cadis blanc & d'une culotte de peau. La durée de l'habit & de la veste sera de six années; au moyen de quoi ces deux parties d'habillement seront remplacées par sixième; le remplacement des culottes sera fait, lors des besoins, sur la Masse des quatre livres destinée à cet objet.

Il sera donné en outre à chacun desdits bas Officiers, Cavaliers & Dragons, un surtout de tricot qui sera remplacé tous les deux ans, & sous lequel ils porteront un gilet qui sera fait de l'étoffe du vieux surtout.

Ce surtout sera fait en frac & garni de huit gros boutons comme ceux de l'habit, dont six à la taille, posés par un en haut, deux au milieu & trois en bas; & deux aux hanches. Il sera remplacé tous les deux ans.

Toutes les parties de l'habillement seront bien proportionnées à la taille & grosseur des hommes, de manière qu'ils soient bien vêtus, sans être gênés dans aucun de leurs mouvemens; & les habits seront tenus assez longs pour que agrafés & boutonnés dans toute leur longueur, ils puissent arriver jufqu'à trois pouces de terre, l'homme étant à genoux & bien droit. Ceux de la Cavalerie feront, conformément aux modèles qui ont été envoyés, tenus affez larges pour pouvoir en agrafer les revers & les boutonner par-deffus la cuiraffe qui fera portée fur la vefte, laquelle fera, ainfi que celle des Dragons, faite à l'ordinaire avec poches & boutons.

Le manteau fera de drap gris-blanc piqué de bleu, & façonné conformément à l'ancien modèle.

ARTICLE 2.
De la Coiffure.

LA Cavalerie portera un chapeau conforme à la defcription qui a été faite de celui de l'Infanterie, à l'exception que l'aile aura quatre pouces un quart, & la forme trois pouces neuf lignes de profondeur ; il fera garni, en temps de guerre, d'une calotte de fer évidée.

Les Dragons continueront de porter le cafque en cuivre jaune, jufqu'à ce'qu'il en ait été autrement ordonné.

ARTICLE 3.
Des Marques diftinctives des grades dans les compagnies de Cavalerie & de Dragons.

LES Maréchaux-des-logis en chef, porteront un double bordé de galon d'or ou d'argent fin, uniforme à la couleur du bouton, large de dix lignes, l'un coufu fur le parement de l'habit, & l'autre fur l'avant-bras à fix lignes au-deffus du parement.

Les feconds Maréchaux-des-logis porteront le fimple bordé de galon d'or ou d'argent, large de dix lignes, fur l'avant-bras, à fix lignes du parement.

Les

Les Fourriers-écrivains seront distingués par deux bandes de galon d'or ou d'argent, large de dix lignes, cousues en travers sur le dehors de la manche, au-dessus du pli du bras.

Les Brigadiers porteront au-dessus du parement, & parallèlement, un double bordé de galon de fil blanc ou de laine jaune; le premier sera placé à six lignes du parement, & le second à trois lignes du premier.

Les Cadets-Gentilshommes porteront l'épaulette en galon d'or ou d'argent, uniforme à la couleur du bouton, qui sera doré ou argenté.

Les Fraters porteront sur chaque parement, une boutonnière en patte-d'oie, d'un petit galon de laine ou de fil jaune ou blanc, de la largeur de trois lignes.

Le Maréchal-ferrant portera sur le dehors de chaque manche, au-dessus du pli du bras, la figure d'un fer en galon de fil, ou de laine blanche ou jaune, suivant la couleur du bouton.

ARTICLE 4.

De l'Habillement des Trompettes.

LES Trompettes porteront l'habit de drap bleu, affecté à la livrée du Roi, avec les revers, paremens & doublures des couleurs déterminées, & les boutons réglés pour chaque régiment; à l'exception de ceux des régimens de l'État-major, de la Reine, des Princes du Sang, & des régimens de Dragons des Gentilshommes, qui continueront de porter les habits de la livrée des Mestres-de-camp titulaires, en se conformant aux marques distinctives de l'uniforme réglé; de sorte que les revers & paremens de l'habillement des

Trompettes, soient de la couleur du fond de l'habit ou de celle de la diſtinction ſuivant que les porteront les Cavaliers ou Dragons du même régiment; les galons de livrée feront des mêmes largeurs, & diſpoſés dans le même ordre réglé pour les Tambours de l'Infanterie : ils porteront au ſurplus les veſte & culote réglées pour la Cavalerie ou les Dragons.

Défend Sa Majeſté de faire galonner aucun deſdits habits avec galons d'or ou d'argent, & d'apporter aucun changement à la diſpoſition ci-deſſus, ſous telles peines que Sa Majeſté ſe réſerve de prononcer.

ARTICLE 5.
De l'Habillement des Officiers.

L'HABILLEMENT des Officiers ſera des mêmes couleurs que celui des Cavaliers ou Dragons, tant pour le fond que pour les diſtinctions de l'uniforme; il ne différera que par la qualité des draps d'Elbeuf ou des Manufactures de même eſpèce, & des boutons qui ſeront dorés ou argentés : les Officiers porteront toutes les parties de l'habillement uniforme, dans les mêmes proportions, coupe & forme que celui des Cavaliers ou Dragons.

Tous les Officiers de Cavalerie, porteront des chapeaux bordés d'un petit galon de ſoie noire, ſans plumes ni plumet.

Les Officiers de Dragons porteront le caſque juſqu'à nouvel ordre.

Toute eſpèce de liſéré, paſſe-poil de couleur & diſtinction quelconques, autres que celles qui auront été réglées pour l'habillement uniforme des Cavaliers ou Dragons, ſera & demeurera prohibé.

ARTICLE 6.

Dispositions générales sur l'Uniforme.

LES Officiers de Cavalerie & de Dragons, se conformeront exactement à ce qui a été prescrit pour ceux de l'Infanterie, sur la composition de leur uniforme.

Leurs manteaux seront des mêmes couleurs réglées pour les Cavaliers ou Dragons ; ils seront tenus de porter toujours leur uniforme au régiment : l'usage des manchettes de dentelles demeure prohibé.

ARTICLE 7.

Des Marques distinctives des Grades des Officiers de Cavalerie & de Dragons.

LE Mestre-de-camp-commandant, portera de chaque côté une épaulette de tresse pleine, en or ou en argent, selon la couleur du bouton blanc ou jaune affecté au régiment ; elle sera ornée de franges à graines d'épinards , & cordes-à-puits : toute espece de broderie ou paillettes sera & demeurera défendue.

Le Mestre-de-camp en second , portera de chaque côté, comme le Mestre-de-camp-commandant , une épaulette ornée de mêmes franges ; mais au lieu d'être pleine en or ou en argent, le milieu sera, dans sa longueur, traversée par deux cordons de soie couleur de feu, tressés comme les autres cordons d'or ou d'argent.

Le Lieutenant-colonel portera à gauche une seule épaulette, garnie de franges & agrémens pareils à l'épaulette du Mestre-de-camp-commandant.

Ceux des Officiers qui auront le grade de Brigadier des Armées, porteront, par diſtinction, ſur l'épaulette une étoile brodée d'or ou d'argent, en oppoſition à la couleur de l'épaulette.

Le Major portera de chaque côté une épaulette en or ou en argent, ornée de franges à graines d'épinards ſeulement.

Les Capitaines-commandans porteront, ſur l'épaule gauche, une des épaulettes réglées pour le Major.

Les Capitaines en ſecond porteront la même épaulette, coupée dans le milieu de ſa longueur par deux cordons de ſoie treſſée couleur de feu.

Les premiers Lieutenans ne pourront porter l'épaulette pleine en or ou en argent, elle ſera loſangée de carreaux de ſoie couleur de feu, ſur un fond de treſſe d'or ou d'argent, uniforme à la couleur du bouton; la frange qui terminera, ſera de filés d'or ou d'argent & de ſoie, en proportion du mélange qui ſera dans le tiſſu de l'épaulette.

Les Lieutenans en ſecond porteront la même épaulette que les Lieutenans en premier, à la ſeule différence qu'elle ſera traverſée dans le milieu de ſa longueur par deux cordons de ſoie couleur de feu.

Les Sous-lieutenans porteront l'épaulette à fond de ſoie couleur de feu, avec des carreaux treſſés d'or ou d'argent, uniformes à la couleur du bouton, & des franges mêlées de ſoie & de filés d'or ou d'argent, en proportion du mélange de l'épaulette.

Le Quartier-maître-tréſorier, devant avoir le rang & les prérogatives de Lieutenant, portera la même épaulette qui a été réglée pour la distinction des Lieutenans en second.

Les Porte-étendards porteront l'épaulette à fond de soie couleur de feu, liférée d'or ou d'argent, fuivant la couleur du bouton; elle fera garnie de franges afforties.

L'Adjudant portera l'épaulette à fond de soie couleur de feu; elle fera traverfée dans le milieu de fa longueur, de deux cordons treffés d'or ou d'argent, affortis à la couleur du bouton.

Les Officiers ne pourront porter, pendant le temps qu'ils existeront au fervice, que les épaulettes diftinctives des emplois qu'ils exerceront, quand même ils feroient pourvus de grades fupérieurs; ils fe conformeront à cet égard avec exactitude aux modèles envoyés.

A R T I C L E 8.

De l'Équipement des Cavaliers & Dragons.

LES cols feront de bafin blanc, de la largeur de vingt lignes, doublés de toile blanche, & s'attacheront comme ceux de l'Infanterie avec une boucle de cuivre jaune.

Les manches de chemifes feront à la matelotte; les feuls bas Officiers pourront porter des manchettes, mais fans rayure ni feston.

Les manchettes de bottes feront en toile blanche.

Les gants, en peau jaune, feront affez longs pour pouvoir être reployés fur le poignet, & le repli fera boutonné.

Les bottes de la Cavalerie feront demi-fortes en cuir de vache fouple, & ciré en fuif.

Celles des Dragons seront molles, en cuir de veau fort, conformes au modèle dont ils font usage.

Outre les bottes, chaque Cavalier & Dragon sera pourvu d'une paire de guêtres noires dans la forme de celles de l'Infanterie, pour faire le service à pied.

Les sabres pour les Cavaliers & Dragons seront à garde pleine, de fer poli, de trente-six pouces de lame.

Les ceinturons, bandoulières, cartouches, porte-mousquetons ou grenadières & porte-manteaux, continueront d'être façonnés dans les mêmes formes & proportions dont il est fait usage.

ARTICLE 9.

De l'Harnachement des chevaux des Cavaliers & Dragons.

LES Régimens de Cavalerie & de Dragons, continueront l'usage des selles dont le modèle leur a été envoyé.

L'usage des housses sera conservé, ainsi que celui du schabraque de peau de mouton pour les bas Officiers, Cavaliers & Dragons, lequel schabraque sera fait de manière qu'il puisse couvrir les pistolets & tenir lieu des chaperons qui seront supprimés : il s'étendra par-derrière au-delà du siége de la selle, jusqu'à l'endroit de la charge sous laquelle il ne doit point être engagé. Les brides, rênes, bridons, licols & autres équipages dépendans de la selle, seront des mêmes formes & proportions que ceux qui ont été précédemment réglés, & dont il est fait usage.

ARTICLE 10.

De l'Équipement des Officiers de la Cavalerie & des Dragons.

LES bottes seront semblables à celles des Cavaliers ou Dragons, quant à la forme & au coup-d'œil d'uniformité.

Les sabres seront conformes aux modèles que Sa Majesté fera envoyer incessamment; & l'usage des ceinturons actuels sera continué.

ARTICLE 11.

De l'Harnachement des chevaux des Officiers.

LA selle sera de drap de la couleur de la housse; les mors de brides seront garnis de bossettes jaunes.

L'usage de la housse & des chaperons pour les Officiers sera continué; ils seront en drap de même couleur que celui de l'uniforme des Cavaliers ou Dragons, exécutés dans la forme ordinaire, & bordés de galons d'or ou d'argent suivant la couleur du bouton de l'habit, des largeurs ci-après;

SAVOIR:

De trente lignes pour les Mestres - de - camp commandans, & en second, Lieutenans-colonels & Majors.

De vingt-quatre lignes pour les Capitaines.

De vingt lignes pour les premiers Lieutenans & Lieutenans en second.

Et de quinze lignes pour les Sous - lieutenans & autres Officiers attachés à l'État-major.

Toute autre espèce d'agrément, franges ou ornemens

quelconques fur l'équipage du cheval eft expreffément défendue.

A R T I C L E 1 2.

De l'Armement des Cavaliers & Dragons.

LES Maréchaux-des-logis & Fourriers de Cavalerie, feront armés de deux piftolets, indépendamment du fabre.

Les Brigadiers & Cavaliers auront un fabre, un moufqueton & deux piftolets.

Ils porteront le plaftron de cuiraffe, & fe fourniront à cet effet, lorfqu'ils en recevront l'ordre, d'un plaftron de deux toiles, matelaffé de bourre & piqué, conforme au modéle qui fera envoyé.

Les Maréchaux-des-logis & Fourriers de Dragons, feront armés d'un fabre & de deux piftolets.

Les Brigadiers & Dragons, feront armés en outre du fabre, d'un fufil, d'une baïonnette & d'un feul piftolet, en oppofition duquel ils porteront à l'arçon de la felle, un outil garni de fon étui.

Les Fourriers, tant des régimens de Cavalerie que de ceux de Dragons, continueront de porter pour les campemens, une fiche longue de fix pieds, garnie d'une banderole de drap de la couleur diftinctive du régiment, & fur laquelle le numéro fera mis d'une maniére très-apparente en couleur oppofée.

A R T I C L E 1 3.

De l'Armement des Officiers.

INDÉPENDAMMENT du fabre uniforme dont chaque
Officier

Officier de Cavalerie & de Dragons devra être pourvu, il sera armé de deux pistolets.

Les Mestres-de-camp, les Lieutenans-colonels & les Majors des régimens de Cavalerie & de Dragons, porteront l'épée à la main, soit à cheval, soit à pied.

Les Officiers de l'État-major porteront le ceinturon sur la veste, comme ceux des compagnies.

ARTICLE 14.

Des Étendards de Cavalerie, & des Guidons pour les Dragons.

LES Mestres-de-camp, commandant les régimens auxquels le Roi fournit les étendards & les guidons, seront tenus de la dépense des lances, & de faire les frais de la monture, de la fourniture & de l'entretien des cravates de taffetas, ainsi que des étuis pour la conservation desdits étendards & guidons, qui serviront au moins l'espace de dix-huit ans.

ARTICLE 15.

Du petit Équipement dont chaque Cavalier ou Dragon devra être pourvu.

LE petit Équipement dont chaque Cavalier ou Dragon devra être pourvu, consistera en trois chemises au moins, un gilet, une culotte de peau de rechange, deux paires de bas, une paire de souliers, une paire de guêtres noires, une paire de manchettes de bottes, quatre mouchoirs, un sac à poudre & sa houppe; un étui à peigne, une paire de ciseaux, un étui à épingles & aiguilles, une vergette pour les habits, une boîte à graisse & des décrotoires.

ARTICLE 16.

De la Tenue.

TOUT ce qui a été prescrit à l'égard de la tenue, par *l'article 13 du Chapitre I.ᵉʳ*, concernant l'Infanterie, sera exécuté avec le plus grand soin par les bas Officiers, Cavaliers & Dragons, & les Officiers y tiendront la main avec exactitude.

Les cheveux des Cavaliers seront liés en queue couverte de ruban noir.

Ceux des Dragons seront liés en catogan, avec un ruban noir qui sera noué en rosette.

Les uns & les autres ne porteront à chaque face qu'une boucle.

17.

De l'Uniforme affecté à la distinction particulière de chaque régiment de Cavalerie.

TOUS les régimens de Cavalerie porteront l'habit en drap bleu-de-roi, avec poches en travers; la veste en drap chamois, & la culotte de peau de couleur naturelle.

Les surtouts seront de tricot bleu, & les gilets de même étoffe.

Lesdits régimens seront divisés, suivant leur ancienneté, en huit classes, à chacune desquelles sera affectée une couleur de distinction, de laquelle le premier régiment de chaque classe portera les revers & paremens, le second les revers,

& le dernier les paremens seulement, le tout dans l'ordre ci-après.

SAVOIR;

BOUTONS timbrés.	N.ᵒˢ	RÉGIMENS.	DISTINCTIONS.	COULEURS.	DISTINCTIONS PARTICULIÈRES.
Jaunes...	1.	COLONEL-GÉNÉRAL.....	Revers & paremens.	Écarlate....	Le régiment Colonel-général portera un bordé de laine jaune, de six lignes de large sur les paremens & revers, ainsi que des boutonnières d'un galon semblable de trois lignes.
	2.	MESTRE-DE-CAMP-G.ᵃˡ...	Revers.........		
	3.	COMMISSAIRE-GÉNÉRAL.	Paremens.........		
Blancs...	4.	ROYAL.........	Revers & paremens.	Écarlate....	Les deux autres régimens de l'État-major, ne porteront que les boutonnières.
	5.	DU ROI.........	Revers.........		
	6.	ROYAL-ÉTRANGER......	Paremens.........		
Blancs...	7.	CUIRASSIERS.........	Revers & paremens.	Jonquille....	
	8.	ROYAL-CRAVATES.....	Revers.........		
	9.	ROYAL-ROUSSILLON....	Paremens.........		
Blancs...	10.	ROYAL-PIÉMONT......	Revers & paremens.	Cramoisi....	Le régiment Royal-Allemand continuera de porter le surplus de son uniforme, tel qu'il a été fixé par le Règlement du 25 avril 1767.
	11.	ROYAL-ALLEMAND.....	Paremens & collet..		
	12.	ROYAL-POLOGNE......	Paremens.........		
Blancs...	13.	ROYAL-LORRAINE.....	Revers & paremens.	Aurore......	
	14.	ROYAL-PICARDIE......	Revers.........		
	15.	ROYAL-CHAMPAGNE....	Paremens.........		
Blancs...	16.	ROYAL-NAVARRE.....	Revers & paremens.	Rose.	
	17.	ROYAL-NORMANDIE....	Revers.........		
	18.	LA REINE.........	Paremens.........		
Blancs...	19.	DAUPHIN.........	Revers & paremens	Gris-argentin.	
	20.	BOURGOGNE.........	Revers.........		
	21.	BERRY.........	Paremens.........		
Blancs...	22.	CARABINIERS.........	Revers & paremens.		Les Carabiniers continueront de porter le petit galon de fil blanc qui leur a été réglé par l'Ordonnance du 13 février 1776.
Blancs timbrés des armes du Prince.	23.	ARTOIS.........	Revers.........	Bleu-céleste.	
Blancs timbrés des armes d'Orléans.	24.	ORLÉANS.........	Paremens.........		

F ij

Les houffes des chevaux des régimens de l'État-major, feront en drap, bordées d'un galon aux livrées du Colonel-général, du Meftre-de-camp-général, & du Commiffaire-général ; celles des autres régimens feront des mêmes drap & galons précédemment réglés.

RÉGIMENT DE CHEVAUX-LÉGERS.

HABIT à la françoife en drap bleu naturel, des mêmes formes & proportions que celui réglé pour la Cavalerie ; à l'exception que la patte de la poche fera en long ; vefte de drap chamois, culotte de peau ; boutons blancs timbrés d'un cheval monté & du numéro de chaque régiment.

SAVOIR:

BOUTONS timbrés.	N.os	RÉGIMENS.	DISTINCTIONS.	COULEURS.	
Blancs..	1.	PREMIER RÉGIMENT...	Revers & paremens.	Écarlate.....	L'habit, dans tous les régimens de Chevaux-légers, fera garni à l'épaule gauche d'une aiguillette plate, fond blanc, frangée de la couleur des diftinctions; celle du fixième Régiment fe fera en bleu.
	2.	DEUXIÈME RÉGIMENT...	Revers & paremens.	Cramoifi.....	
	3.	TROISIÈME RÉGIMENT..	Revers & paremens.	Bleu-célefte....	
	4.	QUATRIÈME RÉGIMENT.	Revers & paremens.	Chamois.....	
	5.	CINQUIÈME RÉGIMENT..	Revers & paremens.	Aurore......	
	6.	SIXIÈME RÉGIMENT....	Revers & paremens.	Blanc.......	

Toutes les houffes feront de drap bleu, bordées d'un galon en laine à la livrée du Roi.

ARTICLE 18.

De l'Uniforme de chacun des régimens de Dragons.

LES régimens de Dragons, porteront l'habit en drap vert-foncé, la vefte en drap blanc, & la culotte de peau blanchie.

Les surtouts seront de tricot vert & les gilets de même étoffe.

Lesdits régimens seront partagés, par ordre d'ancienneté, en six classes, dont chacune aura sa couleur distinctive. La première comprendra trois divisions, chaque division de deux régimens ; les quatre suivantes seront de deux, & la dernière ne sera composée que de deux régimens : le premier régiment de chaque division portera les revers & paremens de la couleur affectée à la classe dont il sera ; le second, les revers seulement.

Ceux qui porteront boutons jaunes, auront les poches en travers ; & les poches en long seront affectées à ceux qui auront des boutons blancs, le tout comme ci-après :

SAVOIR;

Boutons godronnés, timbrés.	N.os	RÉGIMENS.	DISTINCTIONS.	COULEURS.	DISTINCTIONS PARTICULIÈRES.
Jaunes...	1.	COLONEL-GÉNÉRAL....	Revers & paremens.	Écarlate....	Le régiment Colonel-général portera un bordé de laine jaune, de six lignes de large sur les paremens & revers, ainsi que des boutonnières d'un galon semblable de trois lignes. Celui de Mestre-de-camp-général ne portera que des boutonnières.
	2.	MESTRE-DE-CAMP G.al...	Revers.........		
	3.	ROYAL............	Revers & paremens.		
	4.	DU ROI..........	Revers.........		
Blancs...	5.	LA REINE........	Revers & paremens.		
	6.	DAUPHIN.........	Revers.........		
Jaunes...	7.	MONSIEUR........	Revers & paremens.	Rose.	
	8.	ARTOIS..........	Revers.........		
Blancs...	9.	ORLÉANS.........	Revers & paremens.		
	10.	CHARTRES........	Revers.........		
Jaunes...	11.	CONDÉ...........	Revers & paremens.	Chamois.....	Les deux premiers, chamois-Condé ; le troisième, chamois-Conti ; le quatrième, chamois ordinaire.
	12.	BOURBON.........	Revers.........		
Blancs...	13.	CONTI...........	Revers & paremens.		
	14.	PENTHIÈVRE......	Revers.........		

BOUTONS godronnés, timbrés.	N.ᵒˢ	RÉGIMENS.	DISTINCTIONS.	COULEURS.
Jaunes...	15.	BOUFLERS	Revers & paremens.	Cramoisi.
Ceux de Lorraine, timbrés d'une Croix de Lorraine.	16.	LORRAINE	Revers.	
Blancs...	17.	CUSTINE	Revers & paremens.	
	18.	LA ROCHEFOUCAULT	Revers.	
Jaunes...	19.	JARNAC	Revers & paremens.	Aurore.
	20.	LANAN	Revers.	
Blancs...	21.	BELSUNCE	Revers & paremens.	
	22.	LANGUEDOC	Revers.	
Blancs...	23.	NOAILLES	Revers & paremens.	Blanc.
	24.	SCHOMBERG	Revers.	

Les housses des chevaux des régimens de l'État-major,
seront en drap, bordées d'un galon aux livrées du Colonel-
général, & du Mestre-de-camp-général ; celles des autres régimens seront des mêmes drap & galons précédemment réglés.

RÉGIMENS DE CHASSEURS A CHEVAL.

HABIT à la françoise en drap vert-foncé, des mêmes
formes & proportions que celui réglé pour les Dragons ;
à l'exception qu'il n'y aura point de poches ; veste de drap
chamois, culotte de peau ; boutons blancs timbrés d'un
cor-de-chasse & du numéro de chaque régiment :

SAVOIR;

BOUTONS timbrés.	N.ᵒˢ	RÉGIMENS.	DISTINCTIONS.	COULEURS.	DISTINCTIONS PARTICULIÈRES.
	1.	PREMIER RÉGIMENT	Revers & paremens.	Écarlate	L'habit, dans tous les régimens des Chasseurs à cheval, sera garni à l'épaule gauche, d'une épaulette fond blanc, losangée de la couleur des distinctions ; celle du sixième Régiment, le sera en vert foncé,
	2.	DEUXIÈME RÉGIMENT	Revers & paremens.	Cramoisi	
	3.	TROISIÈME RÉGIMENT	Revers & paremens.	Jaune	
	4.	QUATRIÈME RÉGIMENT	Revers & paremens.	Chamois	
	5.	CINQUIÈME RÉGIMENT	Revers & paremens.	Aurore	
	6.	SIXIÈME RÉGIMENT	Revers & paremens.	Blanc	

Toutes les houffes feront de drap vert, bordées d'un galon en laine à la livrée du Roi.

CHAPITRE V.

DES HUSSARDS.

ARTICLE PREMIER.

De l'Habillement.

LES hommes qui compofent les régimens de Huffards, porteront l'habillement uniforme coupé à la Hongroife en drap des couleurs qui feront affectées à chaque Corps.

Cet habillement fera compofé d'une peliffe de drap, doublée d'une peau de mouton blanc, bordée de mouton noir; d'un dolman de drap de couleur pareille à la peliffe, & d'une culotte de drap de la couleur qui fera déterminée; elle fera doublée d'une forte toile écrue.

Les galons & agrémens de toute efpèce, feront fupprimés de l'habillement des Huffards; il n'y fera confervé que les ganfes néceffaires pour les boutonnières, lefquelles feront en laine ou en fil des couleurs qui feront ci-après déterminées, avec trois rangs de boutons de métal: il fera fait ufage d'une ganfe plate, dans les mêmes couleurs que celle réglée pour les boutonnières, de la largeur de quatre lignes pour recouvrir les coutures du dolman & de la peliffe, & border le dolman feulement; les ouvertures de la culotte, l'échancrure & les coutures du derrière feront garnies d'une femblable ganfe.

L'écharpe sera composée de laine cordonnée, de la longueur de huit pieds, de couleur cramoisie; mais les boutons de ladite écharpe seront des couleurs affectées à chaque régiment pour la garniture des bonnets.

Les sabretaches seront de drap rouge soutenus d'un cuir rabattu en bordure sur le drap, & le chiffre du Roi sera formé au moyen d'une ganse plate ou cordonnet cousu & appliqué sur la pattelette.

Le manteau sera de drap vert teint en pièce, fabriqué & apprêté à deux envers, & de la forme réglée dont il est présentement fait usage.

Indépendamment des parties d'habillement ci-dessus, chaque bas Officier & Hussard sera pourvu d'un surtout & d'un gilet, ainsi qu'il est réglé par l'*article 1.er du Chapitre IV de la Cavalerie.*

ARTICLE 2.
De la Coiffure.

LES cheveux des Hussards seront retroussés en queue raccourcie à la longueur de deux ou trois pouces; les cheveux des faces seront noués à la Hongroise.

Les bonnets ou schakos seront de feutre noir, façonnés à la Hongroise, bordés d'un galon de neuf lignes.

ARTICLE 3.
Des Marques distinctives des Grades dans les compagnies de Hussards.

LES Maréchaux-des-logis & Fourriers porteront la bordure de leur pelisse en peau de dos de renard.

Le

Le premier Maréchal-des-logis portera un double chevron de galon d'argent fin, large de dix lignes, cousu sur le dehors du bras, à quatre lignes de distance l'un de l'autre.

Le second Maréchal - des - logis ne portera qu'un seul chevron de galon d'argent, cousu sur le dehors du bras.

Les Fourriers - écrivains porteront une bande de galon d'argent large de dix lignes, cousue en travers sur le dehors de la manche au - dessus du pli du bras.

Les Brigadiers porteront au-dessus du parement une double bande de galon de fil blanc, à six lignes de distance l'une de l'autre.

Les Cadets - gentilshommes porteront pour marque distinctive, l'épaulette de galon d'or ou d'argent qui leur a été réglée.

Les Fraters porteront sur chaque parement une boutonnière en patte-d'oie, de petit galon large de trois lignes, de fil ou de laine blanc ou jaune, suivant la couleur du bouton.

ARTICLE 4.

De l'Habillement des Trompettes.

LES Trompettes porteront la casaque à la livrée des Mestres-de-camp-commandans; ils seront coiffés avec des chapeaux uniformes, tels qu'ils ont été réglés pour la Cavalerie.

ARTICLE 5.

De l'Habillement des Officiers.

L'HABILLEMENT des Officiers sera uniforme à celui des

Huffards, & ne différera que par la qualité des draps, qui feront d'Elbeuf ou des Manufactures de même efpèce; des boutons qui feront dorés ou argentés, des ganfes ou cordonnets qui feront en galon d'or ou d'argent, & dont la pofition & l'arrangement feront les mêmes que pour les Huffards; des écharpes, qui au lieu d'être en laine, feront en poil de chèvre de couleur cramoifie; & par la bordure des peliffes, qui fera de gorge de renard.

Le fabretache pour les Officiers, fera confervé avec la pattelette de drap rouge, telle qu'elle eft réglée pour le Huffard; le chiffre du Roi dont elle fera ornée, fera formé en cordonnet d'or ou d'argent, & le pourtour de la pattelette fera garni d'un petit galon de neuf lignes.

Les bonnets ou fchakos feront uniformes à ceux qui ont été réglés pour les Huffards, & ne différeront que par la qualité plus fine des matières dont ils feront compofés.

Les Officiers de Huffards pourront porter les furtouts de drap précédemment en ufage, unis & fans dorures; ils porteront auffi, feulement pour les diftinctions des grades, les épaulettes réglées pour les Officiers de Cavalerie.

ARTICLE 6.

Des Marques diftinctives des grades des Officiers.

LE Meftre-de-camp-commandant portera à l'ouverture de la culotte & au parement, cinq petits galons placés à une ligne de diftance l'un de l'autre, en chevron brifé, dont deux de la largeur de neuf lignes, enfermés par trois plus petits, larges de quatre lignes.

Le Lieutenant-colonel fera diftingué par quatre galons

placés en chevron brisé de même, les deux intermédiaires seront larges de neuf lignes, & celui de chaque extrémité sera large de quatre lignes.

Le Major portera également quatre galons, le premier de quatre lignes en bordé sur le retroussis du parement, le second de neuf lignes, & les deux autres au-dessus, de quatre lignes chacun.

Le Capitaine portera de même quatre petits galons larges de quatre lignes.

Le Capitaine en second n'en portera que trois de même largeur.

Le Lieutenant en portera deux.

Et le Sous-lieutenant ne portera que le seul bordé de quatre lignes au retroussis du parement.

ARTICLE 7.

Dispositions générales sur l'Uniforme.

LES Officiers ne pourront porter, sous aucun prétexte, des étoffes, cordonnets ou parures de soie dans les Effets uniformes; ils ne porteront également aucuns galons ou agrémens d'or ou d'argent, qu'autant qu'ils seront permis ou autorisés par les dispositions du présent Règlement. Les manteaux seront des mêmes couleurs & formes que celles réglées pour les Hussards. Tous les Officiers, de quelque grade qu'ils soient, seront tenus de porter, en toute occasion leur habillement uniforme au régiment, pendant qu'ils existeront au service. L'usage des manchettes de dentelles sera & demeurera prohibé.

G ij

ARTICLE 8.

De l'Équipement des Hussards.

LES cols seront d'étoffe noire pour tous les régimens de Hussards.

Les manches de chemises, sans manchettes, & les gants seront exécutés ainsi qu'il est prescrit pour la Cavalerie.

Les bottes seront de cuir de veau fort ou de petite vache, noirci & ciré en suif, façonnées à la Hongroise; le talon sera garni d'un petit fer pour en prolonger la durée.

Le ressemelage & le remontage des bottes, seront & demeureront à la charge des Hussards.

Le sabre sera à la Hongroise, à monture de cuivre, garni de son fourreau, tel qu'il a été précédemment réglé.

Le cordon de sabre sera de cuir noirci.

Les ceinturons, bandoulières & courroies-porte-cartouche, seront de buffle blanc, des largeurs, formes & proportions précédemment déterminées.

Les cartouches, les porte-manteaux, & les effets dont chaque Hussard doit être pourvu, seront les mêmes qui ont été fixés par les précédens règlemens.

Les Effets de petit équipement des Hussards, seront les mêmes que ceux des Cavaliers & Dragons.

ARTICLE 9.

De l'Harnachement des chevaux de Hussards.

LES selles à la Hongroise, & les équipages qui en dépendent, seront conservés dans la même forme dont il est fait usage; ils seront de matière solide, utilement &

uniment façonnés, sans franges ou ornemens d'aucune espèce : la bordure de drap ou d'autre étoffe de laine de couleur tranchante, qui étoit précédemment employée à la bordure du schabraque, sera conservée.

ARTICLE 10.

De l'Équipement des Officiers.

LES bottes seront de cuir noir, façonnées à la Hongroise; celles de peau ou de cuir de toute autre couleur, sont & demeureront expressément défendues.

Le sabre sera à la Hongroise, à garde de cuivre ou métal jaune doré, tel qu'il a été précédemment réglé.

Le cordon de sabre sera de filés d'or & de soie, mêlés dans les proportions réglées pour l'Infanterie.

Les Officiers continueront de porter les ceinturons dans les mêmes forme, couleur & cuir qu'ils les portent actuellement.

ARTICLE 11.

De l'Harnachement des chevaux d'Officiers.

LE corps de la selle & les équipages qui en dépendent, seront pour les Officiers, des mêmes formes que celles qui ont été réglées pour les chevaux de Hussards.

Le schabraque & l'équipage du cheval, continueront d'être en peau de tigre, garnis au pourtour d'une bordure de drap festonné, de la couleur distinctive de l'uniforme de chaque régiment, & bordés de petits galons d'or ou d'argent uniformes à la couleur du bouton, des largeurs ci-après,

Pour les Meſtres-de-camp, Lieutenans-colonels & Majors, d'un galon de quinze lignes de largeur.

Pour les Capitaines, d'un galon large de douze lignes.

Pour les premiers Lieutenans & Lieutenans en ſecond, d'un galon large de dix lignes.

Et pour les Sous-lieutenans & autres Officiers attachés à l'État-major, d'un petit galon de ſix lignes.

Les têtières de brides, poitrails & croupières, ne ſeront garnies d'aucunes franges, cuirs découpés, clous ou fleurons d'aucune eſpèce de métal : les cuirs ſeront ſimples & ſans aucuns ornemens.

A R T I C L E   1 2.

De l'Armement des Huſſards.

LES Maréchaux-des-logis & Fourriers ſeront armés de deux piſtolets & d'un ſabre, le ſurplus de la compagnie aura en outre un mouſqueton.

A R T I C L E   1 3.

De l'Armement des Officiers.

INDÉPENDAMMENT du ſabre uniforme dont chaque Officier devra être équipé, il ſera, ainſi qu'il a été d'uſage, armé de deux piſtolets.

A R T I C L E   1 4.

Des Étendards des Régimens de Huſſards.

LES Meſtres-de-camp commandant les régimens, feront fournir, à leurs frais, les deux étendards dont chaque Corps doit être pourvu ; la dépenſe des lances, frais de monture,

fourniture & entretien des cravates de taffetas & des fourreaux pour la conſervation deſdits étendards, ſeront pareillement aux frais des Meſtres-de-camp-commandans.

ARTICLE 15.

De l'Uniforme affecté à la diſtinction particulière de chaque Régiment de Huſſards.

BERCHÉNY.

PELISSE & veſte de drap bleu-céleſte foncé, les paremens, retrouſſis
en drap rouge garence; la culotte de drap bleu-céleſte foncé; le
cordonnet pour boutonnières & pour couvrir les coutures, de laine
ou fil blanc.

Le ſchakos de feutre noir, doublé d'étoffe rouge, & bordé d'un
galon de laine ou fil blanc:

Boutons blancs.

CHAMBORANT.

PELISSE & veſte de drap brun-marron, les paremens, retrouſſis
en drap rouge-garence; la culotte de drap brun-marron; le cordonnet
pour boutonnières & pour couvrir les coutures, de laine ou fil blanc:

Le ſchakos de feutre noir, doublé d'étoffe de laine, & bordé d'un
galon de même couleur.

Boutons blancs.

CONFLANS.

PELISSE & veſte de drap vert, paremens, retrouſſis de drap rouge-
garence; la culotte de même drap; le cordonnet pour boutonnières
& pour couvrir les coutures, de laine jaune:

Le ſchakos de feutre noir, doublé d'étoffe de laine verte, & bordé
d'un galon de laine:

Boutons jaunes.

ESTHERAZY.

PELISSE & veſte de drap gris-argentin, paremens, retrouſſis de drap rouge-garence : la culotte de drap gris-argentin ; cordonnet pour boutonnières & pour couvrir les coutures, de fil ou laine gris-argentin :

Le schakos de feutre noir, doublé d'étoffe de laine blanche, & bordé d'un galon de laine :

Boutons blancs.

CHAPITRE VI.
Des Uniformes des Officiers généraux & autres Employés dans les Armées & dans les Places.

LES uniformes des Officiers généraux, des Commissaires des guerres, des Officiers-majors des Places, des Officiers de l'État-major des Armées & de ceux employés en qualité d'Aides-de-camp ; l'uniforme du Corps du Génie, celui des Ingénieurs-géopraphes des Camps & Armées, celui des Officiers réformés ou retirés, des différens Corps de ses Troupes, & enfin celui des Médecins & Chirurgiens, tant des Hôpitaux militaires que des Places, des Armées & des Régimens, seront & demeureront tels qu'ils ont été fixés par le Règlement du 2 septembre 1775, sauf les différences ci-après, à l'égard des Commissaires des guerres, des Officiers du Génie & des Chirurgiens.

La broderie des habits & vestes des Commissaires des guerres, sera réduite à seize lignes de largeur, non compris la baguette qui sera d'une ligne & demie.

Et celle de leur petit uniforme ne sera plus que de huit lignes de largeur, du nouveau dessin qui a été envoyé, & non compris la baguette.

Les différens grades seront à l'avenir distingués ;

SAVOIR

SAVOIR:

Celui de Commiſſaire ayant le brevet d'Intendant des Armées, par une double broderie ſur les paremens & au bas des poches, & par une ſeconde baguette en pailletes, de la largeur de deux lignes, ſur tout l'habit, laquelle ſera poſée entre la baguette ordinaire & la broderie.

Celui de Commiſſaire-ordonnateur, par la double broderie ſur le parement & le deſſous des poches, mais ſans double baguette.

Celui de Commiſſaire principal, par la double baguette ſur les paremens & les poches, où il n'y aura qu'un rang de broderie.

Celui de Commiſſaire ordinaire, par un ſeul rang de broderie, & la ſeule baguette ordinaire ſur l'habit, les paremens & les poches.

Les Commiſſaires-adjoints, & ceux employés comme ſurnuméraires, porteront le même uniforme.

Les boutons ſeront conformes au dernier modèle.

Les ſeuls Commiſſaires des guerres employés, pourront porter la dragonne, afin qu'ils ſoient diſtingués par-là de ceux qui n'ont point de lettres de ſervices; & cette dragonne ſera en galon d'or, à grain d'orge, de la largeur de dix lignes, bordé d'un côté d'une raie de ſoie bleue, & de l'autre d'une raie couleur de feu: la frange à graine d'épinards pour les Commiſſaires ordinaires, principaux & ordonnateurs; & à graines d'épinards & cordes à puits pour ceux qui ſeront Intendans des Armées.

Les Officiers du Génie ne porteront que trois boutons ſur les paremens au lieu de cinq, & trois aux poches.

Les uniformes des Chirurgiens-inſpecteurs des Hôpitaux militaires & des Armées; des Chirurgiens-majors des Armées & des Régimens; Chirurgiens-aides-majors, Sous-aides-majors & Élèves, ne différeront de ceux fixés par

H

ledit Règlement du 2 septembre 1775, qu'en ce que le drap de l'habit sera gris-d'ardoise clair, & le parement de velours noir.

Les Apothicaires-majors des Hôpitaux militaires & des Armées, Apothicaires-aides-majors, Sous-aides-majors & Élèves, porteront les mêmes uniformes que ceux réglés pour les Chirurgiens de ces différentes classes; mais les boutons seront blancs, & les boutonnières en argent.

CHAPITRE VII.

De l'Uniforme des Employés aux Fortifications.

LES Inspecteurs des casernes, porteront l'habit avec collet renversé, paremens & revers de drap bleu-de-roi; les doublures, veste & culotte d'étoffe de laine rouge; les boutons seront de métal jaune, façon de trait.

Les Éclusiers, Caserniers, Gardiens des fortifications, jetées, digues, épis, facinages & autres Employés, porteront l'habit avec collet renversé, veste, culotte & doublures de couleur bleu-de-roi; les boutons seront de métal jaune, chargés dans le milieu d'une rosette, avec la légende au pourtour, *Fortifications*.

SA MAJESTÉ défend expressément à tous Officiers des Milices municipales, & autres personnes non désignées dans le présent Règlement, de porter les uniformes qui y sont réglés, ni de se décorer des épaulettes & dragonnes qui y sont établies comme distinctions militaires, à moins qu'elles ne servent dans les Corps de sa Maison ou autres, auxquels il auroit été réglé des uniformes & distinctions par ses Ordonnances ou Règlemens, émanés des départemens de la Guerre ou de la Marine. Défend pareillement Sa Majesté aux Officiers des Corps mentionnés au présent Règlement, de faire le moindre changement aux uniformes qu'Elle a fixés par icelui, tant pour les couleurs, la forme & les proportions qui y sont prescrites, que relativement aux autres dispositions qu'il contient.

Dérogeant Sa Majesté à toutes Ordonnances & Règlemens précédemment rendus, en ce qui pourroit être contraire auxdites dispositions.

MANDE & ordonne Sa Majesté aux Gouverneurs & Lieutenans généraux de ses provinces, aux Commandans en icelles, & à ceux de ses villes & places; aux Officiers généraux chargés de l'inspection de ses Troupes & autres, ainsi qu'aux Intendans des provinces, Commissaires des guerres, & tous autres ses Officiers qu'il appartiendra, chacun en ce qui peut les concerner, de tenir la main à l'exacte observation du présent Règlement, d'empêcher les contraventions qui pourroient y être faites, ou d'en informer le Secrétaire d'Etat ayant le département de la guerre.

FAIT à Versailles le vingt-un février mil sept cent soixante-dix-neuf.

Signé LOUIS. *Et plus bas,* LE PRINCE DE MONTBAREY.